53
Lb 489.

1ᴱᴿ DISCOURS

D'UN

VRAI RÉPUBLICAIN.

L'AMOUR.

FRÈRES !

Gloire à Dieu là-haut, honneur à nous par ici. Le jour de gloire et d'amour est arrivé, et plus d'étendard sanglant dans les airs. Nous sommes forts ; nous avons jeté l'arme des faibles. Nous étions mûrs pour la liberté, mûrs pour l'égalité, mûrs pour la fraternité : nous l'avons prouvé hier, prouvons-le demain, écrasons le monde de preuves, de peur qu'un seul homme ose en douter sur la terre. *Liberté, égalité, fraternité*, les trois mots sacrés de la grande Révolution Française, reparaissent étincelants et renouvelés. On les avait écrits en lettres de fer : battons des mains ; les voilà en lettres d'or. L'astre qui s'était levé sur le monde en 89, montait, montait inaperçu dans les nuages. Un éclair a sillonné la nue. Victoire ! le voilà qui resplendit en plein ciel, inondant de ses clartés affranchies l'humanité qui tressaille éblouie, épouvantée et ravie de tant de lumières à la fois. Frères, il fait clair à cette heure, nous nous voyons enfin face à face, et toutes ces mains qui s'évitaient dans l'ombre, toutes ces mains fermées de Français qui avaient peur, toutes ces mains loyales et mal informées, se cherchent ouvertes et se serrent, et s'étonnent de rencontrer partout la même chair. Celles qu'on croyait rudes et lourdes ont été douces et légères, celles qu'on croyait molles et petites ont été fermes et grandes. Oui, nous sommes bien tous les enfants de la même patrie, et l'on nous disait le contraire. Ah! si nous l'avions su plus tôt !

Frères, l'heure des querelles est passée, ce que nous avons pensé, ce que nous avons dit, ce que nous avons fait alors que nous ne nous connaissions pas, que tout cela aille s'ensevelir là-bas, derrière nous, dans l'abîme qui nous sépare aujourd'hui du passé. Il y a maintenant deux cents ans de ces choses-là. Nous autres, Français, nous savons changer deux jours en deux siècles. Oublions, oublions, au nom du ciel; ne nous souvenons plus que d'une chose, c'est que nous nous aimons aujourd'hui. S'il y a encore des cœurs indécis, qui hésitent à s'ouvrir, crions bien fort que ce n'est pas vrai, pour que ce ne soit pas vrai demain. La peur engendre la peur, et l'amour est contagieux aussi. Luttons ensemble à qui aimera le premier, et s'il faut que les uns laissent là le passé, il faut aussi que les autres écartent les pensées d'avenir. Ni peur, ni rancune, c'est le mot d'ordre du présent. Aimons-nous d'abord : tout est facile entre gens qui s'aiment. Le salut n'est pas devant; il n'est pas derrière; il est là, sous nos pieds. Nous périssons, si nous regardons ailleurs.

Frères, nous n'avons pas le droit de périr; Dieu nous a choisis entre tous pour mettre entre nos mains le sort du monde. Le monde averti nous regarde, palpitant d'espoir et d'effroi. Donnons-lui un spectacle imposant et digne, et l'humanité est délivrée à jamais de ses dernières oppressions. Tout a tremblé autour de nous; au seul bruit de notre victoire, tout va crouler si elle dure, crouler sans guerre et sans larmes, ainsi que doit s'accomplir une œuvre du ciel. Les peuples qui nous ont été confiés, nos fils futurs en bonheur et en liberté, les peuples attendent pleins d'une joyeuse angoisse ce que nous allons faire du dépôt divin. Notre salut, c'est une dette d'honneur que nous avons à leur payer. Une dette d'honneur ! acquittons-la.

Le fardeau est lourd; mais plus il est lourd, plus il sera glorieux. C'est beaucoup d'être des hommes en ce moment; ce n'est pas assez. Soyons tous des géants, puisqu'il nous tombe d'en haut une tâche de géants. Courage, amis, le choix avait été bien fait. Nous nous tâtons, et nous ne retrouvons plus les hommes d'il y a trois jours. Les peureux sont nés à l'audace, les égoïstes à la générosité, les incrédules à la foi, ceux qui se détestaient ont étouffé les haines dans un embrassement sans réserves, les paroles sinistres se sont envolées, les sourcils froncés se dilatent, le bon sens déborde à flots de bouches qui l'avaient toujours ignoré : amour, espoir, c'est le cri commun. Et cette poignée d'hommes elle-même qui seule peut s'appeler en France les vaincus, elle n'a pas failli non plus à la gloire de son pays. Je la vois noble et grande dans la défaite, et j'en suis fier pour ma patrie. Eux aussi étaient des Français. Oui, une immense allégresse s'empare de mon cœur, quand je les vois, ces hommes, qui me pesaient et m'irritaient, quand je les vois, comme nous, plus grands que nature. Confondu par tant d'efforts surhumains, je m'écrie malgré moi : *Le doigt de Dieu est ici*, et je m'élance, les yeux fermés, en avant.

En avant, Frères, en avant, et maintenant que nous

commençons à nous sentir sûrs de nous-mêmes, du calme,
du calme, toujours du calme. Le calme, c'est la force,
tout aussi bien que l'union. Du calme, et nous n'aurons
pas besoin d'audace, puisque nous n'aurons rien à crain-
dre. Ce sera là le progrès que nous aurons fait sur nos
pères, qui n'étaient pas aussi forts que nous. Pas de pré-
occupations oisives, pas de chicanes sur les mots, pas de
souvenirs réchauffés qui sont inutiles ici. Les temps sont
changés, disons-le tout haut, et soyons-en fiers. Ne jouons
pas à la république. Nous sommes majeurs; merci, mon
Dieu, nous ne sommes plus des enfants, et ce n'est pas
un jeu que ce qui va se passer ici. Jugeons les autres
par nous-mêmes, et soyons confiants envers les hommes,
Le voulussent-ils, nul d'entre eux ne le pourrait. Aimons
et croyons. La devise d'aujourd'hui, c'est cette parole du
Christ, parole féconde qui nous a engendrés, nous autres :
*Mes enfants, aimez-vous les uns les autres, c'est là la loi et
les prophètes.*

JEAN MACÉ,
Garde national au 11ᵉ arrondissement.

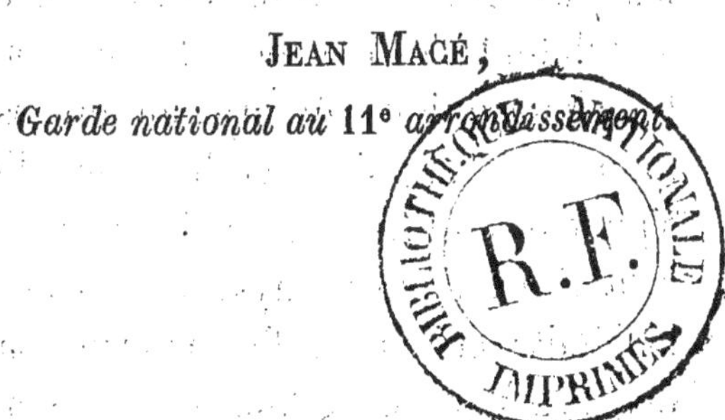

2ᵉ DISCOURS

D'UN

VRAI RÉPUBLICAIN.

LE SENTIMENT DE LA DIGNITÉ HUMAINE.

Amis,

Écoutez bien ceci :

Celui qui a peur de moi, m'offense : il me croit mé—
chant.

Celui qui pense une chose, et n'ose pas la dire devant
moi, se fait une pauvre idée de ma personne : il me croit
intolérant.

Celui qui souffre par moi et n'ose pas me le dire,
celui-là me méprise : il me croit injuste.

Celui qui a envie de se moquer de moi, et qui fait
rentrer son envie pour une autre que celle de me faire
de la peine, celui-là est un insolent : il me croit bête.

L'amour! le premier devoir de l'homme, il fait tout.

1848

La dignité humaine ! son premier droit, elle donne tout.

Amis, venez ici, tenant d'une main la sainte bannière de l'amour, tenant de l'autre le noble drapeau de la dignité humaine. Ce drapeau-là, plantons-le d'une main triomphante, et sur-le-champ que nous sachions tous à quoi nous en tenir. L'homme qui se respecte lui-même, respecte ses frères ; il sait aussi s'en faire respecter, glorieux sentiment qui part et retourne sans cesse de lui à ses frères, de ses frères à lui, allant toujours grandissant.

Amis, nous avons été précipités en un jour sur un terrain nouveau ; nous essayons encore nos premiers pas ; tendons-nous la main en hommes qui se valent ; apprenons-nous mutuellement à nous respecter.

Ceux d'entre nous qui ont tremblé en voyant apparaître tout à coup la République, ignoraient, bien sûr, ce que c'est qu'un Républicain.

Pour moi, franc Républicain de vingt ans ou de deux jours, je n'en sais plus rien, j'ai oublié la date, je vous déclare qu'il n'y a plus qu'une crainte permise par ici, celle de la loi. Et encore, la loi, on la respecte, on ne la craint pas.

De la crainte, entre nous, amis ! Et qu'en ferions-nous de ces craintes qui nous déshonoreraient ? Allons, apprenez votre métier. Haut la tête, et la poitrine en avant ! Personne ici ne pense à faire peur. Oubliez les récits de vos nourrices. Il ne pleut pas d'insultes sur les terres de la République.

— Je vous en conjure, vous tous, mes concitoyens, dans ces luttes solennelles de la parole et de la presse où nous entrons sans préparation, ne perdez jamais de vue le principe sauveur de la dignité humaine. Discutez et tâchez de convertir, n'injuriez jamais. Respect aux opinions ! C'est la plus sacrée de toutes les propriétés.

Avant tout soyons sobres de ces mots qui appellent la foudre, de ces mots de *traîtres*, de *factieux*, de *mauvais citoyens*, après lesquels un frère devient un ennemi. Celui-là même qui, dans un moment d'égarement, a mis le pied sur la route du mal, va retourner de lui-même en arrière, si d'un geste amical vous lui montrez simplement où il va. Une menace, une insulte, c'est le coup de fouet qui pousse en avant un coursier généreux. Ces hommes qui se trompent sont des Français, et la France est un pays d'honneur, maintenant plus que jamais.

Voyez, quand des ouvriers égarés sont allés par la ville, brisant les machines qui travaillaient pour eux, pareils à des cavaliers maladroits, qui tueraient leurs montures, d'autres ouvriers sont venus qui, sans emportement, sans mépris, en hommes qui savent le langage qu'il faut parler à des hommes, ont écrit sur les murs ce simple mot : « Frères, ceci est un tort. » Ce mot, quand je l'ai lu, les larmes me sont montées aux yeux, et j'ai dit : « La République vivra ! »

Or, savez-vous ce qui est arrivé, c'est que le lendemain ces gens qui avaient effrayé la ville sont venus en pleurant signer à leur tour qu'ils avaient eu tort, et qu'eux aussi, nobles cœurs, l'ont écrit sur le mur. Dites, cela ne vaut-il pas une armée pour rassurer ceux qui étaient menacés ?

Frères, amis, concitoyens, écoutez-moi tous, et au nom de la patrie qu'il nous est ordonné de sauver, gravez tous au plus avant de votre cœur ce que je vous dis là : « Respectez, respectez les hommes ; même malgré eux, forcez-les de se respecter. Le méchant, c'est celui qui n'a pas le sentiment de la dignité humaine. Faites entrer ce sentiment dans son cœur : il n'y a pas de sentinelle, il n'y a pas de police qui le gardera mieux, puisqu'il emportera partout avec lui son gardien. »

JEAN MACÉ,
Garde national au 11e arrondissement.

Imprimerie CLAYE et TAILLEFER, rue Saint-Benoît, 7.

3ᴮ DISCOURS

VRAI RÉPUBLICAIN.

LE COURAGE.

CITOYENS,

On peut dormir insoucieusement à l'ombre des monar-
chies : il faut qu'un Républicain soit debout, et qu'il ait
du courage.

Le premier de tous en ce moment, c'est le courage de
son opinion. Avant qu'il soit longtemps, je veux qu'il ait
perdu ce nom. Je veux qu'il soit entendu et reconnu sans
conteste que le droit de dire fait partie du droit de penser. Je veux que le même sanctuaire les enveloppe tous
deux d'un même mur d'airain, et que le poltron lui-même
arrive à penser tout haut, sans y faire seulement atten-
tion.

Il y a un grand, un formidable, un glorieux courage,

1848

celui de la bataille, celui qui tue, celui qui sauve la patrie. Chapeau bas devant celui-là, sainte religion de notre histoire ! Les temps approchent, s'ils ne sont déjà venus, où nous n'allons plus savoir qu'en faire : richesse inutile que nous garderons en magasin.

Place à celui qui s'avance : l'avenir est à lui, c'est le courage du travail. A lui bientôt l'honneur, à lui les arcs de triomphe, et les colonnes, et les chants des poëtes qui donnent l'immortalité. Et pourtant, noble vertu, ton tour viendra aussi. Un jour se lèvera où le travailleur, régénéré par l'amour, redemandera en vain à sa tête, à son cœur, à ses bras leurs vieux courages d'à présent, et s'indignera, en souriant, de les voir détrônés par le plaisir du travail.

Citoyens, à cette heure, il nous faut tous les courages :

A ceux qui perdent, pour pardonner à ceux qui gagnent, du courage !

A ceux qui attendent, pour attendre noblement, du courage !

A ceux qui avaient les yeux fermés, pour habituer leurs yeux à la lumière nouvelle, du courage !

A ceux qui faisaient, le cœur en feu, du roman, pour entrer avec sang-froid dans la vie, et faire de l'histoire, du courage !

A ceux qui gouvernent, pour aller droit devant eux,

dédaignant résolument tout guide qui ne s'appellerait pas la justice, à ceux-là qui ont entre les mains notre sort à tous, du courage ! du courage ! Seigneur ! s'ils voulaient en manquer, ne le permettez pas !

A ceux qui sont gouvernés et qui lèvent un œil inquiet, défiant peut-être, vers le Sinaï du haut duquel les destinées de la patrie vont sortir une à une, en éclairs fulgurants, de la nuée mystérieuse, à vous tous, mes Frères de tout rang, de tout âge, de toute profession, du courage ! du courage ! Dieu est bon ; il ne commande pas les larmes.

Au nom de la peur, je vous adjure tous d'avoir du courage. Ah ! dites-moi d'effacer cette phrase impie, qui n'est pas française. J'en ai là une toute prête qui vaut cent fois mieux : Au nom de l'amour, armez-vous de courage !

Allez, ne doutez pas de vous-mêmes. Nous sommes d'un pays où le courage est facile, quand on est côte à côte, et qu'on marche au pas, en chantant d'une seule voix le même air. Serrons les rangs, l'hymne d'aujourd'hui est un hymne de paix. Celui-là porte au cœur aussi, et nous ferons encore une fois des prodiges.

Le seul courage qui nous soit impossible, c'est celui de l'humiliation, et j'en jure Dieu, nul de nous n'en aura besoin. Si des insensés demandaient qu'un seul de nos frères fût condamné à rougir, non, mille fois non, nous ne le souffririons pas. Nous irions tous lui tendre nos mains, afin qu'il sache bien qu'il n'est pas déshonoré. Un seul acte méchant, et notre cause est perdue.

S'il fallait qu'un tel malheur arrivât, mon Dieu, donnez-nous du courage à tous, un courage qui n'a pas de nom, et que l'imagination refuse d'inventer. Ou plutôt, mon Dieu, écartez de nous ce calice : il serait trop amer pour vos enfants. Du courage, il nous en faudrait trop !

Allons, amis, pas de fausse alarme. Encore un peu de temps, et tout ce dur enfantement sera terminé. La mère tiendra dans ses mains tremblantes le fruit de ses entrailles, et ses dernières larmes se sécheront dans un ineffable sourire.

Dans l'attente de ce moment suprême, gardons-nous de l'avortement.

Encore un peu de temps, et de cette armée de courages, un seul restera debout. Le courage de n'être rien, quand nous pourrons tous être tout.

JEAN MACÉ,
Garde national au 11ᵉ arrondissement.

Imprimerie CLAYE et TAILLEFER, rue Saint-Benoît, 7.

4ᴱ DISCOURS

D'UN

VRAI RÉPUBLICAIN.

LA GÉNÉROSITÉ.

Français,

Noble fille du courage et de l'amour, la générosité est aujourd'hui la vertu-reine : c'est elle qui va nous sauver.

La générosité est la vertu des forts. L'homme qui le premier s'est aperçu que le lion était le plus terrible des animaux, est le même, bien sûr, qui a découvert que le lion était généreux. Si cela n'est pas vrai, cela doit être vrai.

C'est parce que le pauvre s'est senti fort d'un fait, qu'il vient d'être généreux.

C'est parce que le riche se sent fort d'un droit, qu'il va être généreux.

Oui, un droit ! mes sympathies voudraient en vain me

1848

défendre d'écrire ce mot; ma raison me l'ordonne. Un droit de possession, un vieux droit enraciné dans les têtes et les cœurs, un droit vis-à-vis les individus.

Je sais que la société tient ici en réserve son droit à elle, son droit d'intervention.

Son action s'arrête au seuil du domicile privé, du temple domestique, enceinte sacrée en ce jour, si elle le fut jamais. Mais le domaine public est à elle. Nul ne peut lui tenir tête sur ce terrain. Elle a le droit de concurrence, que nous accordons à tous, et au bout duquel tout se trouve, si vous voulez bien regarder. Elle ne peut toucher aux réservoirs particuliers : elle peut en tarir les sources.

Or, cela n'arrivera pas. Cela me gâterait notre bonheur, s'il fallait qu'il s'élevât sur des ruines amoncelées, dans un conflit douloureux de luttes inégales, où tous les intérêts privés viendraient se faire broyer en détail sous la roue implacable de l'intérêt commun.

Rien ne sera broyé par elle, parce que tout viendra s'attacher à ses rayons. J'en ai pour garant cette explosion merveilleuse de sentiments généreux, échappés en un jour de tant de cœurs bouchés, qui ont fait, on ne sait par où, invasion dans l'air, et que toutes les poitrines aspirent délicieusement.

O mes rêves impossibles, soyez les bienvenus ! Ce qui était impossible hier est nécessaire aujourd'hui.

Je ne sais ce qu'ont senti ceux qu'on a nommés les prophètes, et nous autres, les fils de Voltaire, il nous paraît plaisant de parler de prophéties. Mais, en vérité, en vérité, je vous le dis, je sens en moi une voix impérieuse contre laquelle le vieil homme sceptique et moqueur voudrait en vain lutter, une voix d'en haut qui me crie et me force de dire que le jour est proche où le pauvre, les yeux mouillés de larmes de joie, dira au riche : « Assez, frère, assez ; j'en ai trop », et où le riche reprendra tout ému : « Encore cela, frère, pour l'amour de moi. »

Verrons-nous ce jour ? Oui, mon Dieu. La vie à tous, la vie assurée, heureuse, honorable ! La vie et l'honneur, cela suffit pour un jour. Ne nous inquiétons pas du reste, nous tous qui avons fait des théories. Le grand théoricien, c'est Dieu, et chaque chose viendra à son heure. La grande égalité rêvée, ceux qui vont venir en sauront plus long que nous sur son compte. Laissons quelque chose à faire à nos enfants : ce sera là leur véritable héritage.

Pendant que nous parlons de générosité, osons ne reculer devant aucune pensée généreuse, en ce jour qui appartient à tous les bons instincts de l'homme.

Frères, ce serait une belle chose à nous, une chose inouïe dans l'histoire du monde, une chose qui frappera de mort tous les pouvoirs établis au-dessus des nations, si, quand nous aurons fini notre tâche, quand la République, désormais inébranlable, aura pour base de granit une nation armée tout entière, armée surtout de paix et de bonheur, nous ouvrirons à deux battants les portes de la patrie, fermées sur tous les prétendants.

Voyez quelle noble et bonne fierté il y aurait à leur dire : « Venez parmi nous, vous qui avez voulu être nos maîtres ; venez voir combien il est doux de vivre ensemble entre frères. Venez écrire vous-mêmes vos noms proscrits sur le grand livre d'or des citoyens. »

Et ils viendraient, j'en suis sûr. Ils viendraient sans une arrière-pensée, qui serait une folie. Et d'où pourrait ensuite nous venir la foudre, puisque nous aurions déchargé le nuage qui la portait.

Frères, si j'ai mal vu, excusez-moi. Si j'ai pris pour une révélation d'en haut les élans aveugles d'une imagination brisée par un excès d'enthousiasme, pardonnez-moi. L'ivresse qui m'aurait emporté, l'ivresse, si c'en est une, c'est l'ivresse d'un triomphe qui est le vôtre et le mien.

Jean Macé,
Garde national au 11e arrondissement.

Imprimerie Claye et Taillefer, rue Saint-Benoît, 7.

www.ingramcontent.com/pod-product-compliance
Lightning Source LLC
Chambersburg PA
CBHW061207050726
47594CB00008B/3604